Kindermund
Lustiges aus 40 Jahren KITA

Marion Hoffmann

KINDERMUND

Lustiges aus 40 Jahren KITA

Bibliografische Information der Deutschen Nationalbibliothek:
Die Deutsche Nationalbibliothek verzeichnet diese Publikation in der Deutschen Nationalbibliografie; detaillierte bibliografische Daten sind im Internet über www.dnb.de abrufbar.

ISBN 978-3-73573-700-7

Copyright © 2014 Marion Hoffmann

Coverfotos und Illustrationen:
© Marion Hoffmann

Alle Rechte beim Autor

Herstellung und Verlag:
BoD – Books on Demand, Norderstedt

Inhaltsverzeichnis

Vorwort 7

Hochzeit 10
Baby........................15
Arbeit und Beruf 19
Wortschöpfungen........................36
Das Alter und alte Menschen 45
Tiere 48
Verhaltensweisen 58
Essen und Trinken 63
Spiel........................68
Familie 73
Urlaub........................80
Das Wochenende 89
Feiern........................92
Gesundheit........................95
Vermischtes........................98

Danksagung 105

Platz für Ihre Kindersprüche 106

Vorwort

Seit 40 Jahren bin ich Erzieherin und habe so manches Mal darüber geschmunzelt, was die lieben Kleinen in ihrer natürlichen und ehrlichen Art so äußern.

Und schon über 20 Jahre habe ich mir vorgenommen, alle meine gesammelten lustigen Aussprüche, Wortverdreher und sonstige "Kindermunde", die sich in etlichen Kladden, in Dienstbüchern und auf losen Zetteln angesammelt haben, abzuschreiben.

Manchmal sind es nur kleine Dinge oder Versprecher, die mich zum Lachen brachten; manchmal kleine Geschichten oder Antworten der Kinder auf gestellte Fragen.

Wenn ich Rentnerin bin, soll mich das an all die vielen lustigen Begebenheiten und an die schöne Zeit mit den Kindern erinnern.

Freunde und Kollegen haben mich darin bestärkt, dass es auch für Eltern und solche, die es werden wollen, interessant sein könnte. Ebenso natürlich für Großeltern, inzwischen erwachsene Kinder und eigentlich für jeden, der gerne lacht und Kinder liebt.

Und dass Lachen gesund ist, ist ja hinreichend bekannt.

Für Außenstehende sind die Pointen vielleicht nicht ganz so verständlich, wie für mich, aber ich habe mich trotzdem endlich durchgerungen, zu sortieren, abzuschreiben und zusammenzufassen. Mit kleinen Einleitungen versuche ich Ihnen an einigen Stellen die jeweilige Situation ein wenig näherzubringen.

Die Kinder haben mir unendlich viel gegeben für dieses Buch. Die Illustrationen hat hauptsächlich meine Enkelin Jenna extra für dieses Buch gemalt. Mit Feuereifer, viel Kreativität und Ausdauer hat sie diese passend zu den Kapiteln gestaltet. Dankeschön auch dafür.

Zu Wort kommen hier Kinder im Alter von ca. drei bis etwa neun Jahren. Hauptsächlich im Kindergartenalter. Das erklärt auch kleine grammatikalische Fehler, die Sie, liebe Leserin, lieber Leser, entdecken werden. In diesem Alter gehen die lieben Kleinen noch ungehemmt mit der Sprache um und solche kleinen Fehler sind dann auch noch normal.

Um den Sinn nicht zu verfälschen, habe ich auch den Dialekt unverändert gelassen. Dies erwähne ich nur zu Ihrem Verständnis.

Ich wünsche allen Leserinnen und Lesern viel Spaß, etliche Schmunzelattacken und viele Lachtränen bei der Lektüre.

Herzlichst
Marion Hoffmann

HOCHZEIT

* * *

Lukas erklärt, was heiraten ist: "Heiraten ist Freunde sein und immer zusammen in einem Bett schlafen."
Daraufhin Mira: "Heiraten ist Gäste einladen, da muss man Liebe machen und dann Abendbrot essen."
Eny meint dazu: "Da muss man küssen."
Auf meine Frage: "Wer?", antwortet sie: "Na, die Heiratsmenschen!"

* * *

Maresa: "Hochzeit ist tanzen und da geht man erst mal hin und guckt und muss ein Geschenk mitbringen."

* * *

Arvid: "Küssen ist hochzeiten. Küssen ist das Beste, weil, sonst ist es keine Hochzeit."

* * *

Ich sage zu Dora: "Ich habe gehört, deine Eltern haben geheiratet."
Dora: "Ja, ich auch, ich durfte beide küssen."

* * *

In der Kirche predigt der Pfarrer und beendet mit "Amen". Kilian lauscht andächtig, springt auf, hebt die Hände und ruft: "Ja guck mal, zwei Armen hab ich auch!"

* * *

Ich frage Justin: "Und ihr wollt heiraten?"
Justin: "Ja, wenn se beide den gleichen Ring auf der Straße gefunden haben, die Mama und der Papa."
Ich frage weiter: "Warum heiraten denn die Leute?"
Justin: "Weil von meinem Cousin Max die Mama und der Papa auch geheiratet haben. Dann heißt Mama auch mit Hinternamen Wunderlich und Papa muss immer einen Ring anziehen. Wir heiraten zu hause. Wir ziehen alle ein Kleid an, ein weißes. Zu hause wird das nicht dreckig. Na ja, Papa und ich sind

jetzt schon wunderlich." *[heißen mit Nachnamen schon so]*

* * *

Tim & Tom im Wechsel: "Wir heiraten mit Mama und Papa im nächsten Sommer. Denn ziehen wir uns ganz schick an und dann fährt man zum Heiraten zu einem Königreich. Frauen ziehen ein langes Kleid an, um die Straße sauber zu machen und dann ziehen wir Männer ne Hose und ne Weste an und gehen hinterher."

* * *

Julia: "Feiern ist toll, da kann man sich immer ganz dick anziehen." *[schick]*

* * *

Sebastian: „Mensch, Männer küssen nur Frauen mit Lippenstift und keine Jungs!"

* * *

Die Glocken an der Kirche läuten.
Emely ruft: "Hört mal, die Kirche bricht."
[stürzt ein]

* * *

BABY

* * *

Lukas: "Das Baby boxt Mama immer, aber Mama is n Mädchen, da darf man doch gar nicht boxen."
Sag mal Lukas, ist dein Bruder noch nicht da?
Lukas: "Nö, erst wenn Mamas Bauch platzt kommt der rausgekrabbelt. Dann müsst ihr aber alle die Ohren zuhalten, sonst platzt der Trommelpelz im Ohr und dann könnt ihr nix mehr sehen."
Auf die Frage, was er einmal werden will berichtet Lukas: "Ich werde dann ein großer Bruder, dann wird Mama mir zeigen, wie man das Baby auf den Arm nimmt und abfüttert und die Brust gibt. Nur das mit der Brust geht nicht so richtig, weil meine zu klein ist. Ich muss dann Papas Bierflasche nehmen."
Und was arbeitest du dann?
"Dann geh ich einkaufen, dann kauf ich Bonbons und lutsch die schon mal vor. Das Baby hat ja noch keine Zähne, aber Beine schon. Nur weiß das Baby noch nicht, was man damit machen muss."

* * *

Jenna: "Mein Geschwisterchen wird ein Denker, das kratzt sich schon am Kopf. Heute hat es schon hallo gesagt und mir gewunken." *[beim Ultraschall]*

* * *

Maresa: "Die Babys sitzen im Wagen."
Mira: "Nee, echte Babys können gar nicht sitzen. Die können nur in die Windeln machen und rumliegen. Na ja und laufen können die auch nicht aber Beine haben die schon. Und manchmal auch zwei Haare auf dem Kopf."

* * *

Melinda hat ein Schwesterchen bekommen. Sie berichtet: "Mutti hat uns alle drei Schwestern in Pritzwalk rausgelassen. *[dort geboren]* Dann haben wir Kindersekt getrunken und Oma und Opa alten Elternsekt."

* * *

Enrico: "Wann kommt bloß bald unser Baby?"
Erzieherin: "Das Baby muss noch etwas wachsen in Muttis Bauch."
Enrico: "Oh, wenn Muttis Bauch noch dicker wird, passt sie ja nicht mehr in unser Auto rein."

* * *

Mari: "Ich wollte nicht auf diese doofe Welt kommen, dann ärgert mich auch keiner."

* * *

ARBEIT UND BERUF

* * *

Julia: "Mama hat ein Buch zum arbeiten Papa muss immer draußen rauchen, wenn er nicht arbeitet."

* * *

Anna: "Meine Mama kann heute nicht arbeiten, die geht nur zum Arzt. Und mein Papi arbeitet. Der hat immer einen Pudding mit."

* * *

Luc: "Mama schreibt und lernt auf Arbeit und mein Papa sägt an ihrem Stuhl." *[Er ist Tischler]*

* * *

Tobias: "Ich will an eine Maschine arbeiten wie Papa. Der macht auch immer eine Maschine und dann isse heile."

* * *

Enie: "Ich will in eine Schule arbeiten, weil ich'n Mädchen bin. Wenn ich dann genug gelernt hab, muss ich sowieso zu Hause bleiben, wie Mama."

* * *

Daniel: "Ich möchte ein Feuerwehrmann werden mit einem Feuerlöscher, weil der so schön Schaum macht und spritzt."

* * *

Eny: "Ich will Rennfahrer sein mit Fahrrad, weil man da trampeln kann und das nicht so stinkt."

* * *

Enie: "Mama bestellt immer den ganzen Tag Mittag und Papa hockt nur aufm LKW von früh bis inner Nacht."

* * *

Lukas: "Mein Papa arbeitet Maschine, der wartet immer, weil die Feder immer abspringt. Mama arbeitet den ganzen Tag am Computer und muss ein Storeo schreiben, weil der Chef auch zwei Jungs hat." *[in Stereo oder Steno?]*

* * *

Arvid: "Meine Mama arbeitet in Berlin. Sie passt auf Emmi auf. Emmi ist ein kleines krankes Kind. Sie passt auf, wegen der Luft. Papa arbeitet in der Schule als Hausmeister. Er meistert mit alles, baut, repariert und er kann sogar Hosen reparieren und er hat einen großen Transporter auf der Arbeit."

* * *

Vanessa: "Ich möchte Schülerin werden, ach nee Lehrerin, weil die den Kindern zeigt, wie man Klassenarbeit macht."

* * *

Domenique: "Meine Mama ist Babyzitterin. Ich will so was auch werden, weil ich dann immer Ruhe hab, wenn die Babys ins Bett müssen."

* * *

Tanja: "Ich werde Polizeierin, da kriegt man viel Geld und man kann Diebe einsperren."
Patrik: "Ich auch, weil man da immer mit dem Polizeiauto rasen darf und Autofahrer, die nicht vernünftig fahren, anhält und entwarnt."

* * *

Julian: "Meine Mama verteilt Sachsen in der Schule und kontrolliert die Lehrer, ob die alles richtig lernen. *[verteilt als Sozialarbeiterin Schulmaterial]* Ich will Arbeitermann werden und Löcher buddeln und Plaste und Fische reinschmeißen."

* * *

Cindy: "Mein Papa arbeitet in Afrika und manchmal, wenn Schnee liegt, fährt er mit dem Streuwagen umher, wenn er Sand in der Wüste findet."

* * *

Florian: "Mama ist Krankenschwester. Die verarztet Leute und so. Papa klettert immer aufs Dach und spuckt runter und guckt was die Leute unten machen."

* * *

Moritz: "Meine Mama ist auch Krankenschwester. Da schreien meine Mama immer welche an, weil 'se nicht aufstehen können. Ich möchte auch Krankenschwester werden oder Krankenbruder, dann schrei ich einfach zurück.

Mein Papa ist Bäckermeister, der bringt immer die Säcke zu den Leuten mit dem Mehl und Zucker. Dann sieht der immer fast so wie ein Schornsteinfeger aus, nur weiß."

* * *

Jaqueline: "Mein Papa operiert Autos, weil die von alleine nicht mehr gesund werden können. Dann braucht man die nicht auf den Schrott schmeißen."

* * *

Celine: "Mama verkauft Brötchen in ganz viele Städte, weil die sonst verhungern und Papa ist im Pflegeheim. Der trägt die alten Leute und wechselt die dreckigen Windeln und wäscht sie. Das ist ganz wichtig, damit die Omis und Opis nicht zu stinken anfangen."

* * *

Sarah: "Meine Mama geht immer mit Bine unserem Hund, das is ihre Arbeit. Da muss sie immer das Bein mit anheben, damit Bine das nicht anpullert.
     Ich werde mal Zahnverarzterin. Dann guck ich, ob Löcher sind und reiß den dann raus und wenn die Zähne schief sind mach ich ne Spange dran."

* * *

Eddie: "Meine Mama ist Ärzterinhelfer und Papa macht Autoheiler. Aber nur andere Autos, die nicht uns gehören, weil er Geld braucht. Ich mache später auch so was wie Papa, auch mit viel Geld."

* * *

Jonathan: "Ich werde mal Zirkusmeister mit Pferd und Clown und alles, was nicht so gefährlich ist. Wenn der Zirkus kommt, können alle ohne bezahlen rein, deshalb werde ich das."

* * *

Ian: "Meine Mama schneidet immer Haare aufm Laden und föhnt die bunten. Manchmal schneidet sie auch Muster, aber nur bei den Jungs. Was Papa macht, weiß ich nicht, der kriegt glaub ich umsonst das Geld geschenkt."

* * *

Tim: "Mama hat zwei Arbeiten. Bei einer spielt sie mit Kegeln, bei der anderen gibt sie die Leute essen und trinken, da arbeitet sie für Geld."

* * *

Tom: "Papa macht Lkws heile. Da darf er sich richtig dolle dreckig machen, aber da is ja leider auch ne Dusche. Immer muss er duschen, wenn er sich so mistet. Und Mama bringen die anderen Leute auf Arbeit das Geld und die nimmt das an. Und sie hat noch ne Arbeit auf der Bowlingbahn. Da versucht sie immer die Kegeln umzuscheißen und zu trinken zu machen. Mehr macht sie da nicht."

* * *

Emely: "Mama bringt auf Arbeit die Kinder ins Bett, wenn die heulen, denn sind die nämlich voll kaputt. Und Papa macht Sport auf Arbeit und alle Affen machen nach, sagt er immer. Die muss Papa nämlich in den Allerwertesten treten. Einen Pool hat Papa auch auf Arbeit, was der damit macht, weiß ich noch nicht. Vielleicht schmeißt er ja die Affenleute rein."

* * *

Ben: "Papa spielt immer Computer auf Arbeit aber manchmal muss er auch anrufen. Das nervt ihn aber immer."

* * *

Justin: "Mama macht auf der Arbeit die Zähne von die Leute sauber, wenn die nicht richtig putzen, die Ferkel. Papa kann ganz viele Fahrzeuge mit einmal fahren: Unimog, Abschlepper und LKW, aber immer auf der Autobahn. Manchmal sägt der da sogar Holz."

* * *

Melanie: "Mama muss immer schreiben, bis die Finger weh tun, das geht aber ganz schnell. Dann kriegt sie ganz viel Geld, das muss sie dann zählen. Papa macht auf der Baustelle immer alles heile, was die anderen Männer kaputt machen."

* * *

Josi: "Papa ist ein Polizist. Er hält die Autos an und meckert, wenn die was falsch gemacht haben oder aus der Flasche trinken oder frech sind. Manchmal müssen die auch aussteigen und was bezahlen."

* * *

Eric: "Mein Vati arbeitet im Graswerk." *[Gaswerk]*

* * *

Was wollt ihr werden, wenn ihr einmal größer seid?

* * *

Justin: "Ich werde Baggerfahrer und grab dann viele Löcher für neue Straßen."

* * *

Ben: "Ich werde eine Polizei, weil ich auch Autos anhalten will und meckern."

* * *

Merle: "Ich will, wenn ich ausgewachsen bin, in eine Schule gehen, weil man da manchmal lernt, wie man ein ordentlicher Mensch ist."

* * *

Josi: "Ich werde eine Prinzessin, weil die immer Bestimmer sein dürfen und schicke lange Kleider anhaben, wo man drauf rumtrampeln kann."

✳ ✳ ✳

Ian: "Ich will einmal ein König werden, weil der so schick aussieht und weil der in 'nem tollen Schloss wohnt und alles sagen kann, was er will und Bestimmer darf der auch sein."

✳ ✳ ✳

Sarah: "Meine Mama ist immer zu Hause und schläft. Wenn ich groß bin, mach ich das auch, das is dann mein Beruf."

✳ ✳ ✳

Welchen Beruf wollt ihr mal machen und warum?

* * *

Moritz: "Fledermaus, weil die nachts raus darf."

* * *

Eddie: "Autoarbeiter, da kann man rumschrauben."

* * *

Celine: "Verkäuferin für Anziehsachen, denn hat man viele Sachen und kann sich umziehen, wenn man dreckig ist."

* * *

Tanja: "Tierverarzterin, weil man die Tiere heile machen kann und die nicht mehr Aua haben."

* * *

Nicky: "Tagesvati, weil, Muttis gibt's ja schon."

* * *

Jenny: "Zoologietierchef, der kann immer meckern."

* * *

Tobi: "Tischmacher, weil Späne so toll stauben."

* * *

Vanessa: "Polizeifrau, damit alle artig sind."

* * *

Tobias: "Lokomotivfahrer auf der Dampflok, da is man immer schön kohlig."

* * *

Sarah: "Feuerwehrfrau, weil einer muss den Kaffee kochen und das können die Männers nicht."

* * *

Felix: "Polizist, der hat Handschellen."

* * *

Julian: "Computermensch, dann braucht man sich nicht soviel zu merken."

* * *

Jaqueline: "Kellnerin, da kann ich immer viel essen."

* * *

Celine: "Zahnärztin, weil die in jeden Mund gucken darf."

* * *

Eny: "Papa ist ein Stapelstaplerfahrer. Stapelstapler fahren macht Papa auf Arbeit am liebsten, weil er da nicht laufen muss."

* * *

Dominique: "Das ist ein Brennmann." *[Feuerwehrmann]*

* * *

Johnny: "Das ist eine Kuh." *[Feuerwehrmann mit Gasmaske]*

* * *

Joel: "Mama und Papa sind im Balor, da fahren sie immer mit Blut." *[Labor]*

* * *

Leon: "Wenn ich ausgewachsen bin, will ich auch eine Erzieherin werden. Wenn die Kinder freche Wörter sagen, kann ich sie immer ausschimpfen."

WORTSCHÖPFUNGEN

* * *

Sarah: "Wir müssen die Kaletten ausziehen!"
Melanie: "Mensch, das heißt Soneletten!" *[Sandaletten]*

* * *

Auf meine Frage, was wir heute gemalt haben, antwortet Lukas: "Ein Ballalon." *[Luftballon]*

* * *

Julia: "Hast du Bücherarbeit gemacht?" *[ins Heft geschrieben]*

* * *

Luc: "Guck mal, das ist kaputt geboren." *[gebohrt]*

* * *

Medis: "Guck mal Mami, ein Falschrumspringer!" *[Fallschirmspringer]*

* * *

Leon: "Du weißt du Frau Hoffmann, Leon hat gestern mit Flugschrauber und Hubzeug gespielt." *[Flugzeug und Hubschrauber]*

* * *

Maresa: "Ich hab ein Hallofon." *[Telefon]*

* * *

Leon: "Und ich hab ein Hoppallon." *[Luftballon]*

* * *

Eny: "Du, Frau Hoffmann, die Chaussee is noch nicht hochgemacht, is ja noch so dunkel." *[Jalousie]*

* * *

Vanessa: "Wir waren im Zoolierpark" *[Zoo oder Tierpark]*

* * *

Ian: "Ich schlaf manchmal im Stoppeldockbett." *[Doppelstockbett]*

* * *

Sandra: "Zum Halloween haben wir Feuerlager gemacht." *[Lagerfeuer]*

* * *

Nick ganz stolz: "Guck mal, ich hab heute einen Hosenhalter." *[Hosenträger]*

* * *

Was hast du da im Mund? Pauline: "Graugummi." *[Kaugummi]*

* * *

Lea-Jolie: "Mama hat gestern meinen Teddy in die Taschmaschine gesteckt, das hat vielleicht gequietscht." *[Waschmaschine]*

* * *

Wir beobachten Wildgänse, die am Himmel in V-Form nach Süden ziehen. Nina: "Guck mal ein Vogelflugzeug!"

* * *

Es ist kalt und die kleine Mila steht mit den Händen in den Taschen auf dem Spielplatz. Stolz ruft sie: "Guck mal Mone, ich hab Handtaschen."

* * *

Neues Geschirr im Kindergarten

Tim erklärt ganz wichtig: "Vorsichtig wegräumen das Geschirr, das ist Porzarella." *[Porzellan]*

* * *

Nele malt einen Hund aus und klebt auch Sticker auf. Freudestrahlend verkündet sie: "Guck mal, den hab ich verschickert." *[verschönert]*

* * *

Markus: "Ich hab mir ein Spiel ausgelängert." *[ausgeliehen]*

* * *

Lukas sitzt auf der Schaukel. Plötzlich ruft er: "Oh wie toll, das ist ja Reschneegen" *[Schneeregen]*

* * *

Remo: "Oh schau mal, ein Schubschrauber!" *[Hubschrauber]*

* * *

Vanessa: "Guck mal, Thomas hat fast gepempert." *[geplempert, verschüttet]*

* * *

Ivonne: "Hey Christina, du wirst abgepolt." *[abgeholt]*

* * *

Karina: "Mutti nadelst du?" *[nähst du]*

* * *

Stefanie: "Schaut mal, ich hab eine Blumenpuste gefunden." *[Pusteblume, Löwenzahn]*

* * *

Klaas: "Die Flugschrauber sind zum retten, auch für manche Menschen." *[Flugzeug / Hubschrauber]*

* * *

Anna: "Jetzt gehen wir nach Hause und machen Feuerarmband" *[Feierabend]*

* * *

Florian: "Darf ich auch mal schlauchen?" *[den Rasen sprengen mit dem Schlauch]*

* * *

Sandra: "Ich hab im Zwillingpool ganz alleine gebadet. Und jetzt hole ich mir einen Reifen und mach Bauchtanz." *[Swimmingpool]*

* * *

Zuza: "Du bist unsere beste Verzieherin." *[Erzieherin]*

* * *

Konstantin: "Juhu, heute können wir rudeln." *[rodeln]*

Hausaufgaben im Hort im Fach "Deutsch".
Einzahl / Mehrzahl.

* * *

Jennifer: "Das Moos – die Möse"

* * *

Tobi: "Der Ball – die Böller"

* * *

Chris: "Der Hund – Die Hünde"

* * *

Das Alter und alte Menschen

* * *

Ian: "Auch, wenn ein Mensch alt aussieht, muss er noch lange nicht alt sein."

* * *

Tom: "Alte erkennt man an der schrumpeligen Haut und am Krückstock."

* * *

Tim: "Dass die weiße Haare haben."

* * *

Ian: "Falten ist so was, was alte Leute haben. So was, was Frau Hoffmann auch hat."

* * *

Ich frage: "Deine Mutti hat Geburtstag gehabt? Das ist aber fein. Weißt du auch, wie alt sie geworden ist?" **Alessa:** "Na klar, 82." *[28]*

* * *

Kira: "Alt ist man, wenn man seine Haare solange wäscht, bis sie weiß sind."

* * *

Louis: "Mein Papa ist immer beim Fußballgucken alt, der sagt dann immer: 'Ich krieg noch graue Haare wegen der alten Deppen.'"

* * *

Matthias hat einen Zahn verloren und zeigt das stolz seinem Freund Sven. Sven: "Mensch, willst du etwa schon Opa werden?"

* * *

Tiere

Welches Tier wärst du gerne und warum?

* * *

Maresa: "Ich möchte ein Pferd sein, weil die hüh machen und springen. Und dreckig machen die sich auch."

* * *

Lukas: "Eine Spinne, weil ich schon immer gut spinnen kann, sagt Mama."

* * *

Eny: "Ich möchte ein Elefant sein, weil ich die so gern mag und weil die sich immer mit dem Rüssel duschen können."

* * *

Julia: "Eine Giraffe, weil ich immer mit Papa arbeiten kann dann, der is nämlich so groß."

* * *

Alessa: "Eine Katze, weil die zu Hause mal mit zwei Füßchen gelaufen ist und in die Gardine geklettert."

* * *

Enie: "Ein Käfer, weil der immer im Dreck krabbeln kann und seine Mama nicht meckert, wenn der schmutzig wird."

* * *

Arvid: "Wenn man einen Feuerkäfer isst, verbrennt man sich die Zunge."
Maresa: "Nee, dann spuckt man Feuer."

* * *

Justin beobachtet Meisen am Futterhaus: "Guck mal, da am Futterkreis sitzt ne Baby-Ameise. So kleine Ameisenvögel hab ich ja noch nie gesehen."

* * *

Pia: "Guck mal 'n riesen Telefant!" *[Elefant]*

* * *

Vanessa: "Wenn Mama und Papa im Himmel sind, dann sind sie schöne bunte Vögel."

* * *

Wir betrachten Flamingos und die Kinder sollen erkennen, was das für ein Tier ist.
Ben: "Eine Gans."
Emely: "Nein, keine Gans, die haben doch nicht so lange Beine, sondern nur die Enten."

* * *

Leonie: "Das Känguru trägt sein Baby im Sack, weil das noch keine Beine hat."

* * *

Was gibt es für Beeren?
Benjamin: "Blaubär und Braunbär."
Jack: "Und Eisbär."

* * *

Frau Z.: "Schaut mal, wie viele spitze Zähne das Krokodil hat."
Alessa: "Ich hab auch schon mal ein Babykrokodil gesehen, ich hab es ganz lieb gezaubert."

* * *

Henriette: "Oh, mein Hund hat ein Ei gelegt, jetzt kriegen wir ein Baby."

* * *

Maresa: "Wollt ihr mal sehen wie mein Ei schlüpft? Dann haben meine Mutti und ich ein winziges Löwenbaby."

* * *

Christina schaut sich mit der Erzieherin die Schafe an. Die Erzieherin erklärt, dass das eine Schaf so dick ist, weil es ein Lämmchen im Bauch hat.
Christina ganz entsetzt: "Wieso hat es das Lämmchen aufgefressen?"

* * *

Manu erzählt über die Tiere, die sie im Tierpark gesehen hat: "Wir haben Eisbären, Schwarzbären und Brummbären angeguckt."

* * *

Jenna: "Das Einhorn ist so schnell geflogen, fast so schnell wie Ultraschall."

Welches Tier ist das wichtigste Haustier und warum?

* * *

Julian: "Der Papa, der passt auf alle auf."

* * *

Eddie: "Der Hund, der bellt, wenn einer kommt."

* * *

Jaqueline: "Die Katze, weil die frisst alle Mäuse, Spinnen und Fliegen in der Wohnung."

* * *

Tanja: "Vögel, weil die so toll singen können, toller als ich."

* * *

Nicky: "Der Hahn, weil wir da keinen Wecker brauchen."

* * *

Jonathan: "Das Zirkuspferd, weil das alle Menschen lustig macht."

* * *

Tobias: "Das Pferd, weil wir dann reiten können, wenn das Auto kaputt ist."

* * *

Auf meine Frage, was man alles von einer Kuh bekommt, antwortet Julian: "Kinder."

* * *

Julia: "Schau mal ich hab ein Huhn gemalt." *[Uhu]*

* * *

Eny: "Guck mal eine Tieraffe." *[Giraffe]*

"Ich bin heute eine Federmaus." *[Fledermaus]*

* * *

Im Waschraum erklärt Lukas: "Guck mal Maresa, ein toter Mariechenkäfer oder der hat nur einen Purzelbaum gemacht und schläft jetzt." *[Marienkäfer lag auf dem Rücken]*

* * *

Wir sprechen über Papageien und schauen uns Bilder an.
Eddie: "Du, weißt du, meine Oma hat auch so'ne Geier, einen blauen und einen gelben. Der gelbe pfeift immer und der blaue kräht."
[Er meint Wellensittiche]

* * *

Frau S.: "Guckt doch mal, wer hier in der Pflaume spazieren geht!"
Annemarie: "Ein Regenwurm!"

* * *

Die Gruppe beobachtet eine Kohlmeise, die sich am Maiskolben Futter holt.
Eric: "Guck mal da sitzt eine Kohlenmeise."

* * *

VERHALTENSWEISEN

* * *

Arvid: "Du, Frau Hoffmann, du machst auf deine Tasse immer einen Teller drauf, damit der Kaffee nicht hart wird, stimmt's?" *[kalt wird]*

* * *

Lukas: "Ich hab mich kaputt geschlafen." *[Er ist noch müde]*
"Ich glaube, ich hab heute die ganze Nacht nur ein Auge zugeklappt."

* * *

Jule: "Kann ich die Tassen abteilen?" *[austeilen]*

* * *

Maresa: "Papa is bei der Apteke, weil der will nicht arbeiten, der will schlafen." *[Apotheke]*

* * *

Lukas: "Mein Papa fasst mich immer an, damit ich nicht umfalle."

* * *

Mira hat noch nicht ganz ausgeschlafen und beschwert sich: "Nicht so laut! Immer, wenn ich die Brille noch ab hab isses sooooooooooooo laut!"

* * *

Lukas hat die Strumpfhose verkehrt herum an. Auf meinen Hinweis meint er lapidar: "Das macht doch nix, solange mir der Schniepel nicht weh tut."

* * *

Tim: "Also ich geh gerne rutschen auf der Wasserrutsche, weil dann der Popo nicht so warm wird."

* * *

Andrew: "Du bist nicht mehr mein oller, blöder Freund!"

* * *

Mira: "Au weia Frau Hoffmann, du hast ja deine Haare zu doll gewaschen, die sind ja ganz weiß."

* * *

Alle Kinder sind eingeschlafen. Nur Lukas ist noch wach. Ich gehe zu ihm und sage er soll jetzt bitte auch schlafen und streichel ihm über den Kopf. Lukas guckt mich an und sagt: "Du kannst mich ruhig streicheln, bis du wieder sagst 'Kinder ihr könnt jetzt aufstehen.' Das ist ganz in Ordnung, das kannst du machen."

* * *

Zum Kindergartenabschluss werden die Kinder von einer Mutti gefragt: "Wie findet ihr Mone *[die Erzieherin]*?"

Leonard: "Ich hab Mone lieb, weil sie macht mir fast immer nie Ärger."
Mika: "Ich find Mone toll, aber manchmal nervt sie mich."
Scott: "Sie ist in Ordnung, aber sie soll leiser schimpfen."

* * *

Jenna unterhält sich mit ihrer Mama darüber, dass es auch Eltern gibt, die zwar Kinder haben, aber keine wollten oder sie nicht lieb behandeln.
Jenna: "Kann man die nicht einfach kastrieren wie unsere Katzen?"

* * *

Navid: "Laß doch mal die Tischdecke, die habe ich gerade ordentlich gemacht. Jetzt ist der Tisch wieder nackig."

* * *

Toni: "Oh, der Opa raucht ja, er trägt einen Rauchfuß." *[Pfeife]*

Essen und Trinken

* * *

Lukas weint: "Ich hab von meinem Finger abgebissen!" *[sich in den Finger gebissen]*

* * *

Moritz: "Heute gibt's Zitterpudding. Der hat Angst, aufgegessen zu werden, deshalb heißt der so."

* * *

Lukas hat einen Nutellabart: "Guck mal, jetzt bin ich ein Kindermann!"

* * *

Mareen: "Du Mama, Unkraut mag ich aber nicht! [Salat] Ich will lieber Gemischmüse." [Mischgemüse]

* * *

Lukas: "Juliane, wir müssen die Gurke rasieren, dann können wir Gurkensalat machen." *[schälen]*

* * *

Beim Frühstück schauen wir uns das Brot an, Kürbiskernbrot und Roggenbrot. Die Kinder werden auf die Kerne im Brot hingewiesen und angeregt ihr Brot zu beschreiben.
Lisa: "Und ich habe nur die Löcher." *[Roggen]*

* * *

Lukas, wie sieht dein Teller aus?
Lukas: "Ich hab gegessen und da hat sich meine Stulle verkrümelt."

* * *

Was gibt's heute zu Mittag?
Arvid: "Möweneintopf." *[Möhreneintopf]*

* * *

Lukas: "Wenn man Hunger hat, knotet der Magen." *[knurrt]*

* * *

Jasmin: "Ich habe heute einen Kran mit einer Boulette gemalt." *[sie meint Palette]*

* * *

Katharina: "Heute gibt es Kartoffeln, Unkraut, Fleisch und Soße zu essen."

* * *

Sören: "Meine Mutti hat mir heute auf eine Stulle Wespenhonig gemacht und auf die andere Mamalade."

* * *

Antje: "Wo wohnt eigentlich das Mittagessen?"

* * *

Dana: "Ich will keinen Spinat essen."
Erzieherin: "Iss nur, davon bekommst du so eine schöne frische Farbe im Gesicht."
Dana: "Ich will aber keine grünen Backen haben."

* * *

Hannes: "Rohkost muss man aufessen, die ist nämlich gesund für die Krankheit."

* * *

Monique baut: "Schau mal, das soll ein Eßtaurant sein." *[Restaurant]*

* * *

Arvid: "Mein Vater hat mir heute Fischfutter raufgemacht auf die Stulle. In der Butter ist Fisch."

* * *

SpieL

* * *

Wir spielen mein rechter Platz ist leer mit Blumennamen.
Jule: "Mein rechter Platz ist leer, ich wünsche mir das Großmütterchen her." *[Stiefmütterchen]*
Louis: "Und ich das Entenblümchen." *[Gänseblümchen]*

* * *

Tim: "Guck mal, da sind ja viele Magatoschkas *[Matroschkas]* im Bauch, das wird ja eine Vielmutti!"
Ian: "Die heißen doch nicht Magatoschkas, sondern Margarinepuppen."

* * *

Justin: "Mit Mama spiel ich gerne Mau-Mau, da kann ich immer so schön schummeln, wenn Mama telefoniert."

* * *

Tom: "Wenn Papa da ist, fahr ich gern mit seinem Motorrad, aber nicht alleine, weil meine Beine noch wachsen müssen."

* * *

Die Kinder ziehen in der Garderobe die Schuhe an. Der kleine Benjamin ganz erstaunt: "Irgendwas stimmt hier nicht, meine Füße sind ganz krumm." *[Hat die Schuhe verkehrt herum an]*

* * *

Die Kinder spielen Friseur.
Sandra: "Wie heißen Sie?"
Markus: "Ich bin der Vater von meinem Sohn."

* * *

Im Sandkasten.
Lea-Jolie: "Ich hab eine schöne Sandtorte gebacken. Die knistert so schön. Koste doch mal."

* * *

Lukas: "Ich hab einen Knochen von einem toten Piraten an der Hose, aber nur den Kopfknochen." *[Schädel]*

* * *

Maresa: "Wenn ich spiele, dann geht die Farbe vom Gras immer an meine Hose. Das Gras is dann weiß, wo ich lang gekrochen bin."

* * *

Lukas: "Ich mag den Frühling, weil ich da endlich wieder Laub harken kann. Ich hab da im Garten auch Arbeitssachen. Da ist eine Harke dabei und dreckige Klamotten."

* * *

Die Kinder sitzen am Tisch und malen.
Maresa: "Ich male eine Schatzkarte."
Lukas: "Ich auch, und dann gehen wir ganz viel geschätztes suchen."

* * *

Maresa: "Unser Zug fährt nach dem Mond."

* * *

FAMILIE

* * *

Lukas: "Milch ist aber gesünder für Kinder."
Mira: "Frau Hoffmann ist doch noch kein Kind, aber schon ne Oma und die wächst auch noch."

* * *

Lukas sagt zu mir: "Du Mama ich muss dir mal was sagen."
Darauf frage ich ihn: "Hast du gerade Mama gesagt?"
Julian kontert daraufhin: "Ist doch richtig, Frau Hoffmann ist doch auch unsere liebe Kindergartenmama, wenn die andere Mama nicht da ist."

* * *

Enie: "Ich hab meine Mama als Kind gemalt, da hatte sie noch rosane Haare. Ich hab mir meine auch mal abgeschnitten, das war lustig, nur Mama fand das nicht so ulkig."

* * *

Alessa: "Heute holt mich mein Papa ab, meine Mama hat keine Lust. Mit Papa kann ich wenigstens zur Raststätte fahren und schick essen."

* * *

Liz beim Frühstück: "Meine Mutti hat eine neue Freundin."
Darauf Linus: "Mein Papa hat auch eine neue Freundin, die heißt Mama."

* * *

Lukas: "Mein Papi hat eine Nasenbohrmaschine, damit der Finger nicht abbricht." *[Nasenhaarschneider]*

* * *

Lukas: "Mein Opa hat viele Muskeln im Bauch, damit er die Kinder mit dem dicken Bauch wegschubsen kann."

* * *

Paul: "Bei uns zu Hause ist der Strom alle, die Birne ist kaputt."

* * *

Lukas: "Wenn wir einkaufen gehen, müssen wir immer Papa mitnehmen. Mama macht nämlich nix, nur den Zettel lesen. Papa muss den Wagen schieben und an der Kasse bezahlen und Mama muss nur schön aussehen."

* * *

Eny: "Mein Opa hat den Nandu[1] übern Zaun gebissen und denn hat Opa geheult, weil das weh tut."

* * *

---

[1] Der Nandu ist ein flugunfähiger Vogel aus Südamerika. Quelle: http://de.wikipedia.org/wiki/Nandu
Er hat große Ähnlichkeit mit dem afrikanischen Strauss [Anm. d. Autorin]

Gespräch zwischen Navid und Eric.
Eric: "Dein Papa besucht mich oft."
Navid: "Und mich jeden gestern."
Eric: "Nee, das heißt jeden Übermorgen."

* * *

Ich frage: "Wer gehört alles zu eurer Familie?"
Malte: "Meine Mama, mein Papa, Oma, Opa, mein Hund, Omas Hund und Omas Vogel. Wir spielen nämlich immer zusammen. Und Mama ist die Liebste, weil die mich immer gewinnen lässt."
Ian: "Zu meiner Familie gehören Mama, Papa Oma, Opa, Onkel und Tanten. Die anderen wohnen zu weit weg."
Justin: "Na alle, die in einem Haus wohnen, auch die zusammen am Tisch essen. Mama, Papa, Hund und Katz und Maus."

* * *

Lukas berichtet: "Meine Turnlehrerin heißt Petra."
Darauf Eny: "Ich hab ne Oma, die heißt auch Petra aber mit Vordermannname. Und mit Hintername heißt die noch Oma."

* * *

Lukas: "Also bei Oma hat Papa mich mal in Omas Zimmer eingesperrt, weil ich ihn geärgert hab. Da hab ich angefangen zu heulen, denn hab ich die Klingel *[Klinke]* von der Türe angefasst und Papa hat mich auf den Arm genommen und was Lustiges gesagt. Was weiß ich aber nicht mehr. Und mit einem Mal waren meine Tränen einfach weggelächelt."

* * *

Die Kinder werden nach dem Namen der Eltern und deren Beruf gefragt.
Sandra: "Mein Vati heißt Herr Koch."
Erzieherin: "Überlege noch mal genau, wie Papa mit dem Vornamen heißt. Wie sagt denn deine Mutti zu ihm?"
Sandra: "Na Papsi."

Erzieherin: "Und was macht er, wenn er arbeiten geht?"
Sandra: "Na in den Töpfen rumrühren."

* * *

Lukas: "Bei meinem Papa sind ganz viele Muskeln im Bauch, weil mein Papa so stark ist."

* * *

URLAUB

* * *

Lukas: "Im Urlaub hab ich gespielt. Papa hat einen riesigen großen Hecht gefangen. Der hat die Pose[2] einfach im Mund gelassen. Papa hat 'Maul' gesagt, aber das soll man ja nicht sagen. Und dann hat der Hecht die Pose nicht wieder hergegeben. Da haben Mama und ich Fischbouletten gemacht mit Mehl, weil das so schön klebt. Und dann hat Papa kleine Fische gefangen, aber so klein, das da keine Bouletten mehr rauskamen."

* * *

Enie: "Ich hab draußen gespielt verstecken. Hab mich ganz versteckt, und Mama hat schon Angst gekriegt, dass sie mich nie wiederfindet. Und drinne Fernsehen geguckt."

* * *

---

[2] Pose, auch Schwimmer genannt, ist ein auf dem Wasser schwimmendes Utensil für Angler, welches unter anderem anzeigt, ob ein Fisch angebissen hat.

Alessa: "Ich war mit meinem Papa aufm Spielplatz und als er mich nicht mehr sehen konnte, musste ich in mein Zimmer mit den Tieren spielen."

* * *

Anna: "Ich war am Eiswagen. Oma hat mich abgeholt und dann draußen gespielt mit Puppen."

* * *

Maresa: "Ich war auf dem Spielplatz. Da waren Freunde, ein anderer Leon. Wir sind gerutscht und haben gespielt immer auf dem Po. Und dann haben wir wettgeschwimmt im großen Pool. Da ging das Wasser bis zum großen Zeh. Wir hatten da auch drei Betten. Eins für Papa, eins für Mama und ich hatte ein Minibett, da haben meine Haare immer rüber geguckt. Papa war aber nicht krank, der hat uns nur gefahren, weil der immer am Lenker sitzt und hupt.

* * *

Ben: "Ich hab gespielt - bisschen im Garten gebuddelt im Dreck, bisschen zu Hause mit Autos, bisschen mit Max gebolzt mit dem Fußball."

∗ ∗ ∗

Sarah: "Ich hab gar nicht gespielt, nur mit meiner Oma bin ich spazieren gerannt. Ich weiß gar nicht mehr, ich glaub da, wo die Wölfe heulen."

∗ ∗ ∗

Justin: "Wir sind zu Max und Geli hingefahren und haben da ganz doll gefeiert, dann ganz weit nach Hause gefahren, geschlafen, alleine aufgestanden, runter geklettert, Radio angemacht und alle aufgewickelt. *[aufgeweckt]*

Zur Einschulung haben wir ganz doll Party gemacht mit Kindersekt und sind gewackelt, weil wir zu viel getrunken haben. Fußball hab ich auch noch gespielt, und mit meinem Schuh geschossen, genau ins Tor. Papa hat geguckt wie ein Auto.

Für Mama hab ich noch ein schönes Bild gemalt und getuscht, nur war das nachher alles bunt, weil ich das Wasser ausgekippt hab. Mama fand das aber trotzdem toll und hat mich abgeknutscht.

Und dann bin ich noch hingefallen, ach nee hingeflogen, weil meine Beine wieder schneller waren als der Kopf."

* * *

Tom: "Mit'n Dampfer gefahren, Eis gegessen, Armeeschiff gesehen. Und ganz großes rotes Schiff und Segelboot gesehen, die gelernt haben. Und ganz riesige Wellen." *[Er meint ein Schulschiff]*

* * *

Tim: "Dampfer geblubbert, großen Kreuzer gesehen und großes Schiff, das viel größer ist als eine Welt. Das hat'n riesen Anker gehabt, aber der war zu schwer zum mitnehmen. Deshalb haben wir Spielzeug gekauft. Und Armeeonkel hab ich am kleinen Schiff gesehen, die haben gewonken, wie blöde, die hatten grade nix zu tun.

Flugzeug bin ich noch geflogen aber nur auf die Nase und dann durften wir auch noch Motorrad fahren, erst mit Papas großem und dann mit 'nem kleinen für Zwerge.

Später sind wir noch mit 'nem kleinen Boot gefahren von Mamas Arbeit, auch Ruderboot. Wie es dunkel war, sind wir mit dem Auto zurückgefahren, weil das Boot kein Licht hatte.

Da hat der Mann von Ela von Mamas Arbeit geschweißt, dann is 'n Funke ins Auge, weil der zu feige war ne Brille aufzusetzen. Denn hat der aber komisch geguckt.

Dann hab ich mit den Mädchen auf der Brücke fürs Enten füttern gestanden und da hab ich das Brot einfach ins Wasser getunkt und selbst aufgegessen, weil ich solchen Hunger hatte. Die Mädchen haben gemeckert und die Enten geschnattert, aber das war mir egal."

* * *

Megan: "Ich war nur zu Hause geblieben. Ich hab gar nix erst mal gemacht, nur ein bisschen gespielt. Dann mussten wir noch zu Oma Inge fahren und da bisschen was essen."

* * *

Melanie: "Da hab ich gespielt zu Hause und mal 'n Buch angeguckt. Dann bin ich zum großen Wasser gefahren, hab Picknick gemacht. Und einmal bin ich Flugzeug geflogen zu Oma und Opa in Garten und da hab ich geschlafen mit Mama. Dani und Papa durften auch Boot fahren und mit den Gummistiefeln panschen. Ich hab dann auch noch Marienkäfer gemalt."

* * *

Ian: "Ich bin zum Taschenlampenkonzert gegangen. Da war Musik, Kindermusik. Und hinterher sind wir zum Ferienhaus gefahren. Das ist nur in den Ferien da, sonst nicht. Da ist auch ein Bollerwagen gewesen, wo man sich reinsetzen kann und Papi hat gezogen. Dann bin ich wieder zur Musik mit Mama und Papa. Da haben sie Plattfisch - Rock 'n' Roll gespielt.

Dann hab ich noch mit ner Freundin gespielt, die heißt Lisa, sind Pferdekutsche gefahren und in der späten Nacht mit Omi feiern gefahren zum ersten Schultag."

* * *

Josi: "Wir waren in Schwerin, da waren Pferde zum Reiten und denn noch nach Rostock in den Zoo. Da waren so viele Tiere, das man 100 Jahre braucht, die alle mal anzugucken.

Und auf der Brücke war ich in Rostock auch noch, wo das viele Wasser ist. Da haben wir geduscht, weil es so dolle gesturmt hat und Papa is fast weggeflogen, weil der sich nicht festhalten konnte. *[Sie meint, es hat gestürmt]*

Einmal war ich auch mit Frau B. in einem kleinen Tierpark. Da waren wir bei zwei Eseln und Pferde und ein Pferd hat ein großes Kind ins Ohr gebissen, das hat vielleicht gebrüllt wie am Spieß. Soll ja auch weh tun."

* * *

Emely: "Bei Papa aufm Bett gehüpft, Enten gefüttert, davon Brot gekostet, war aber hart wie ein Stein. Die Goldfische wollt ich auch mal kosten, durfte ich aber nicht, weil die wertvoll sind. Papa wollt mich in Goldfischteich schmeißen, weil Papa dachte einer ist Nemo, weil wir den Film geguckt haben. Der war orange-weiß. Dann haben die Enten dem Goldfisch das Brot einfach geklaut."

* * *

Josi: "Ich war auch an der Ostsee und an der Müritz mit Papa, Mimi und Opi und ich. An der Ostsee war das Wasser so kalt, Mimi hat mich festgehalten dann bin ich mit den Stiefeln rein hab Sand gespielt und mit den Booten. Und in der Müritz nen Eimer Wasser geholt."

* * *

dAS WOCHENENdE

* * *

Was habt ihr am Wochenende denn so alles unternommen?

Arvid: "Ich hab am Wochenende mal einen Igel irgendwo gesehen, dann ist der weggelaufen unter die Blätter, weil der vor mir Angst hatte und es da schön warm ist."

* * *

Lukas: "Ich hab am Wochenende gespielt mit meinem Vater und Leon. Aber Leon hat gebrüllt und da bin ich zu Mama, weil Leons Gemecker blöd ist."

* * *

Eny: "Wir haben eine Party gemacht bei Bine weil die Geburtstag hatte mit Geschenken. Draußen gegrillt und drinne gegessen, weil es so saukalt war."

* * *

Julia: "Ich hab mir einen Ballon mit Luft geholt beim Einkaufen und bezahlt im Laden."

* * *

FEIERN

* * *

Ostern

Julia: "Wenn der Schnee Ostern nicht weg ist, muss der Osterhase Socken und Schuhe anziehen."
Arvid: "Oder er fährt im warmen Auto."

* * *

Enie: "Wenn noch Schnee liegt Ostern, sieht man aber die bunten Eier besser."

* * *

Lukas ganz empört: "Ich hab bei Miras Geburtstag einen Pokal gewonnen, den wollte mein Papa, als Eierbecher oder als Schnapsglas nehmen."

* * *

Tobias: "Käpt'n Blaubär hab ich bekommen, als ich mit Geburtstagen angefangen hab. Das ist aber schon 1000 Jahre her, da war ich noch so klein, wie eine Maus."

* * *

An einem 9. Dezember im Hort. Wir haben etwas im Schuh. (Stein)
Fabian: "Ich glaube, der Nikolaus hat die 6 umgedreht. Dann war es bestimmt auch nicht der Nikolaus, sondern der Lausenik."

* * *

GESUNDHEIT

* * *

Kilian: "Pia-Sophie hat das Bein abgebrochen, nun kann sie nicht mehr laufen." *[Sie hatte sich das Bein gebrochen]*
Lea-Jolie: "Ich weiß nicht, wo Pia das Bein hin gebrochen hat." *[Sie meint, wo es gebrochen ist]*

* * *

Tim: "Ich hab mal von einem Opa n neuen Teppich gekriegt, der is aber schon tot. Der war schon ganz kaputt und krank und keiner hat ihn mehr heilgekriegt, da isser einfach erstorben."

* * *

Florian: "Ich bin ganz schön abgekratzt." *[Schürfwunde]*

* * *

Lukas: "Ich hab unterm Zeh ein Hühnerauge aber das kann gar nix sehen, weil der Schuh darüber ist."

* * *

Wie sagt ihr, wenn ihr Kopfschmerzen habt?

Marly: "Weh-Weh im Kopf"
Bianca: "Brummköpfchen"
Tobias: "Kopfkneifen"
Patrick: "Das trommelt im Kopf"
Timo: "Dözkrachen"
Tanja: "Bumskopf"
Henriette: "Lauter Bienen im Kopf"

* * *

Lukas: "Weil mein Papa sich die Zähne nicht nachputzen lassen hat, als er klein war, ist jetzt der Zahnteufel im Backenzahn und hämmert. Na ja und da hat der Zahnarzt ihm Knete rein gemacht in den Zahn, dass der Zahnteufel nicht hämmern kann."

Vermischtes

Yakari und kleiner Donner 2012

* * *

Eny & Enie werden mit dem Auftrag losgeschickt, einen Aktenordner zu holen.
Enie: "Du Frau K., wir sollen den Öffner holen."
Eny: "Da will Frau Hoffmann einschreiben, wer Enie abholen muss." *[Eingetragen werden die Personen, die Abholberechtigt sind]*

* * *

Louis: "Weißte was? Zu Hause kack ich immer Murmeln." *[Eine Erklärung erübrigt sich wohl]*

* * *

Lea-Jolie: "Du hast ja n großen Schreiber-Kugel. Aber wo is denn die große Kugel da?"

* * *

Lara: "Heute früh war Papas Auto geschlagen, da konnte der gar nicht gucken." *[beschlagen]*

* * *

Leon: "Guck mal, der Zeiger hüpft, dann geht die Zeit spazieren."

* * *

Fackelumzug und Frau K. spielt das Tenorhorn.
Christopher: "Oh Frau K. du hast aber eine schöne glänzende Flöte."

* * *

Alessa hat aus Knete einen Menschen geformt. Die Arme hat sie vergessen. Auf den diskreten Hinweis, dass der ja nichts anfassen kann, meint sie: "Ach die Arme wachsen erst noch."

* * *

Auf dem Topf. Jeremy hat schon mal nachgesehen, was da hineingefallen ist. Ich frage ihn, was er denn da in der Hand hat.
Jeremy: "Na ein ganzes Ei."

* * *

Die Gruppe geht einkaufen zur Woche der gesunden Ernährung.
Meike zu Jessica: "Ich glaube, wir sind schon ganz schön weit weg vom Kindergarten."
Jessica: "Ach iwo, von Nazareth bis Bethlehem sind's auch nur 120 Kilometer."

* * *

Lukas: "Wenn man Kaugummi isst und den nicht mehr will, muss man den ausspucken. Wenn man den runterschluckt darf man nicht pupsen, sonst kriegt man ne Kaugummiblase im Po."

"Im Zirkus Smily war ein Mann der war fünf oder sieben oder 26. Der hat Feuer runtergeschluckt, ohne zu heulen. Ich darf das noch nicht, ich schrei sonst so laut."

* * *

Sandra erzählt ein Märchen: "Dornröschen trat in eine Kamera. Da saß eine uralte Frau

und spindelte. Das Röschen trat ein und weil es ihr so gut gefiel, wollte es auch spindeln."
[es betrat eine Kammer und wollte spinnen]

* * *

Die Kinder gehen zum Hausmeister, um ihm zu seinem Geburtstag zu gratulieren.
Constance: "Auf dem Weg kommen wir am Schlachtfeld vorbei." *[sie meint Schlachthof]*

* * *

Lars: "Wir hatten früher einen Wartburg, der konnte zwei Tage fahren ohne Benzin."

* * *

Daniel: "Guck mal, Marcel hat mir gehauen."
Erzieherin: "Das heißt mich gehauen."
Daniel: "Was? Dir auch?"

* * *

Selina: "Du Tante, ich muss eine Wurst pullern."

* * *

Ich frage, ob Carl sich an einer Brennnessel verbrannt hat.
Carl: "Nein, da war kein Feuer dran."

* * *

Susi: "Meine Mutti hat an meinen Rock Anhänger angenäht, damit er nicht rutscht." *[Träger]*

* * *

Anika: "Guck mal, der sitzt im Stehen." *[Ein Mann hat sich angelehnt]*

* * *

Janin: "Ich hab mir meine Haare geblondet."

* * *

Lars: "Heute sehen wir uns mal Frau Hoffmanns Engelchen an." *[Enkelchen]*

* * *
* *
*

ENde

Danksagung

Ich möchte mich an dieser Stelle ganz herzlich bedanken bei allen, die mir zu diesem Büchlein durch irgendeinen Beitrag verholfen haben.

An erster Stelle den vielen Kindern, durch ihre Natürlichkeit und ihren Witz.

Meiner Enkelin Jenna, die die Kapitelbilder malte.

Den Eltern der Kinder, für die Erlaubnis, all das in meinem Buch veröffentlichen zu dürfen.

Außerdem meinen Kolleginnen, die einige lustige Begebenheiten beisteuerten.

Vor allem aber meinem Freund Frank, der mir immer wieder auf die Füße trat, mich bestärkte, es einfach zu versuchen, und mir unendlich viele Tipps und Ratschläge gab, dass das, was Sie hier lesen, letztendlich doch erschienen ist.

Danke!

Platz für Ihre
KINDERSPRÜCHE